Die Originalausgabe erschien 2010 unter dem Titel:
Ulrike Fischer & Stéffie Becker: Prima, kleine Ballerina.

Genehmigte Sonderausgabe für EDITIONNOVA GmbH, Schönhauser Straße 4, 50968 Köln.

Vorlesegeschichten

Prima, kleine Ballerina!

Ulrike Fischer & Stéffie Becker

Inhaltsverzeichnis

Flöckchentanz

„Da soll die Feder hin." Fine zeigt auf ihren Bauch. „Genau da!"
Mama drückt die Feder fest.
„Na?", fragt sie. „Bist du zufrieden?"
Fine guckt in den Spiegel und staunt. Vor ihr steht das allerschönste Schneeflöckchenmädchen, das Fine jemals gesehen hat.
Mama klebt noch eine Feder auf Fines Ballettkostüm. Und noch eine.
Fine traut sich gar nicht mehr zu atmen vor lauter Schönheit.
„Fertig!", sagt Mama. „Jetzt packen wir dein Kostüm in die Tüte. Damit nichts drankommt."
„Wann ist mein Flöckchenauftritt?", fragt Fine.
„Heute Nachmittag." Mama lächelt. „Bis dahin darfst du noch ein bisschen mit Benni und Lena spielen."
Fine steht schon in der Haustür, als sie überlegt: Lena und Benni sollen auch mal mein Flöckchenkostüm sehen.
Schnell holt sie die Tüte. Mama muss das ja nicht wissen.
Nebenan backen Lena und Benni Waffeln.
Mit Sauerkirschen.
„Du kannst auch eine haben", sagt Lena.
„Hmm, lecker!", freut sich Fine. „Aber erst zeig ich euch mein Flöckchenkostüm."
Gleich zieht sie sich um. „Na, wie findet ihr mich?"

„Echt cool!“ Benni hebt den Daumen. „Das ist so, als ob es schneit.“
„Wunderschön“, staunt Lena. „Ich glaub, ich will auch zum Ballett.“
„Wollt ihr mal sehen, wie ich schon tanzen kann?“, fragt Fine.
Und ob Benni und Lena das sehen wollen!
Mit weit ausgebreiteten Armen wirbelt Fine durch die Küche.
„Mach weiter, mehr, mehr!“, feuern Lena und Benni sie an.
Jetzt holt Fine noch mehr Schwung. „Dideldideldideldum“, singt sie und dreht sich immer schneller und schneller im Kreis herum.
„Pi-rou-et-te!“

Genau da macht es PATSCH, und das Schälchen mit den Sauerkirschen klatscht vor Fines Füße, dass es nur so spritzt.
„Oh!“, ruft Fine erschrocken und starrt auf ihr Flöckchenkostüm, das gerade noch schneeweiß war.
„Ach du dickes Ei“, seufzt Lena. „Kirschflecken kann man nicht rauswaschen. Sagt Mama jedenfalls.“
„A-aber m-mein A-Auftritt“, stottert Fine.
„Wenn waschen nicht geht, müssen wir eben reparieren“, schlägt Benni vor.
„Reparieren? Wie denn?“, schnieft Fine.
„Lass mich mal machen.“ Benni öffnet den Medizinschrank.
„Na, guck mal! Alles da.“ Benni kramt Mullbinden, weiße Kinderpflaster mit Pünktchen und eine Schere hervor.
„Damit kriegen wir dein Flöckchenkostüm wieder hin“, verspricht er.
Fine strahlt. „Wie gut, dass ich euch hab!“
Benni und Lena legen gleich los.
Die Kirschspritzer werden mit Pflaster überklebt, die großen Flecken mit Mullbinden abgedeckt, und wenn keins von beidem geht, schneiden sie den Fleck einfach raus.
„Fertig!“, ruft Lena und begutachtet Fines Flöckchenkostüm. „Damit kannst du prima auftreten.“

So ganz wohl fühlt Fine sich nicht in ihrer Haut. Aber es nutzt ja nichts. Fine zieht sich wieder um und packt das Flöckchenkostüm in die Tüte.

Fräulein Babel, die Ballettlehrerin, wartet schon. „Mach schnell, Fine."

Als Fine aus dem Umkleideraum kommt, schnappt Fräulein Babel nach Luft.

„Was ist das?", fragt sie entsetzt.

„Mein Flöckchenkostüm", sagt Fine verlegen. „Besser ging es nicht." Fine erzählt, was passiert ist.

„Aber Josefine! So kannst du nicht auftreten!"

In dem Moment klopft es an der Tür. Es ist Herr Renners, der Reporter vom Lokalblatt.

„Na, Kinder! Schon aufgeregt?", fragt er. Die Ballerinen kichern.
„Ja, Himmellottchen!" Herr Renners guckt Fine an. „Was für ein Kostüm!" Schnell zückt er seinen Notizblock. „Wie heißt der Tanz?"
„Äh …" Fräulein Babel kommt ins Stottern.
„Pflasterballett!", ruft Fine.
„Super! Mal was ganz Neues!" Der Reporter ist begeistert.
„Genau das Richtige für die Zeitung. Und Fotos mach ich auch!"
„Werde ich dann berühmt?", will Fine wissen.
„Bestimmt!" Herr Renners lächelt. „Also – toi, toi, toi!"
„Das hab ich ja gut hingekriegt", denkt Fine und klebt sich noch ein Pflaster auf die Nase.

Garagenballett

„Guck mal, Oma!“ Merle pfeffert ihren Roller in die Hecke.
„Meine Lilo hat ein Tutu.“ Stolz streckt sie Oma ihre Puppe entgegen.
„Eine kleine Ballerina!“, staunt Oma.
„Das ist sie.“ Merle strahlt. „Und ich bin die Ballettlehrerin!“
Sie kramt einen zusammengeknüllten Gardinenstoff aus ihrem Rucksack. „Guck mal, das ist meins. Mama hat es genäht.“
Über die Matschhose stülpt Merle das Tutu und wirbelt mit Lilo über den Rasen.
„Das könnt ihr aber gut“, lobt Oma.
Da drückt Merle ihr einen Kieselstein in die Hand. „Hier, für dich! Die Eintrittskarte.“
„Wofür?“, fragt Oma.
„Für die Ballettvorstellung“, sagt Merle. „Meine Lilo will so gerne auftreten. Jetzt, wo sie das neue Tutu hat.“
„Verstehe.“ Oma nickt. „Und wann soll das sein?“
„Heute Nachmittag. In der Garage.“
„Oh, da kann ich nicht.“ Oma streicht Merle über den Kopf.
„Da besucht mich meine Gymnastikgruppe.“
„Nicht traurig sein“, tröstet Merle ihre Puppe.
„Wir fragen einfach weiter.“

Gleich nach dem Mittagessen schleppt sie Stühle und Decken in die Garage.
„Hilf uns mal!", sagt sie zu Moritz. „Dann darfst du auch zugucken."
Merles Bruder rümpft die Nase. „Puppenballett! Das ist doch Mädchenkram."
„Aber meine Lilo kann eine Pirouette."
„Na und? Ich geh lieber kicken. Das ist cooler!" Moritz zieht seine Stutzen an. „Aber wenn du willst, mach ich dir aus den Wolldecken einen Vorhang."
Da fühlt Merle sich gleich berühmt, wie eine echte Primaballerina.
„Siehst du", flüstert sie ihrer Lilo ins Ohr. „Für so was sind große Brüder gut."
„Ich bin dann weg", ruft Moritz und sprintet davon.
Mama bringt Merle bunte Tücher und Bänder in die Garage.
„Damit kannst du deine Bühne schmücken."
„Guckst du meiner Lilo zu?", fragt Merle.
Mama schüttelt den Kopf. „Ich hab doch einen Friseurtermin."
„Aber meine Lilo hat so viel geübt."
„Das nächste Mal!", verspricht Mama.
„Dann eben nicht." Merle legt ihre Puppe in den Bollerwagen.
„Zu viele Zuschauer sind auch gar nicht gut für dich", sagt sie und zieht den Vorhang zu. „Jetzt schlaf erst mal. Ich muss noch was machen."

Endlich ist alles so, wie Merle es haben will. „Es geht los!", ruft sie und hebt ihre Lilo aus dem Bollerwagen. Langsam, ganz langsam zieht Merle den Vorhang auf.

„Da staunst du aber, was?" Der Zuschauerraum ist voll – voll mit Puppen und Kuscheltieren. Die Ballettvorstellung beginnt. Hoch in die Luft wirbelt Merle ihre Lilo zur Ballettmusik und schwingt mit ihr herum. Von einem Ende der Bühne zum anderen.

„Und jetzt die Pirouette!", ruft Merle und dreht sich. Schneller und schneller. „Wirbel – wirbel – dideldum." Die Lilo fliegt ihr dabei fast aus der Hand.

„Bravo", applaudiert Merle, „bravo, bravo!"

Sie zieht den Vorhang zu und drückt der zerzausten Lilo ein Küsschen auf die Plastiknase.

„Zugabe! Zugabe! Zugabe!" Merle schaut Lilo an – seit wann können Puppen und Kuscheltiere sprechen?
Verdutzt zieht sie den Vorhang wieder auf – da stehen Oma mit ihrer Gymnastikgruppe, Moritz mit seinen Fußballfreunden, und Mama ist schon vom Friseur zurück.
„Wir können uns doch nicht die Pirouette deiner Lilo entgehen lassen", sagt Mama.
Merle strahlt. „Morgen will mein Nilpferd mal auftreten! Das kann hüpfen wie eine Elfe", verkündet sie und verteilt gleich die Kieselsteine. „Und ihr dürft zugucken!"

Lilly beim Schnupperballett

„Ich bin eine Ballerina!" Immer schneller dreht Lilly sich vor dem Spiegel im Kinderzimmer. „Eine kleine Ballerina!"
Paul schüttelt den Kopf. „Da kriegt man ja einen Drehwurm."
„Ich nicht!", pustet Lilly und bleibt stehen. „Ich bin ja auch im Schnupperballett." Stolz zieht sie ihre Strumpfhose glatt.
„Wo sind meine Schläppchen?" Suchend schaut Lilly sich um.
Paul pfeift vor sich hin. „Ich glaub, ich hab sie irgendwo gesehen."
„Wo denn? Sag schon! Bitte!"
„Geht klar", sagt Paul. „Wenn du mir deine blaue Trinkflasche leihst!"
„Dann hab ich ja keine." Lilly guckt ihren Bruder böse an. „Ich brauch die! Das Schnupperballett fängt gleich an."
„Hier sind sie!" Triumphierend hält Paul die Schläppchen hoch.
„Und jetzt her mit der Trinkflasche!" Wütend reißt Lilly ihm die Schuhe aus der Hand. „Das merk ich mir …", beschließt sie und flitzt zum Ballett.

Lilly kommt gerade noch rechtzeitig. „Schön, dass ihr alle da seid“, begrüßt Frau Fuchs die Mädchen. „Meine Eleven!“
„Was ist das, Eleven?“, fragt Lilly.
„Das bedeutet ‚Schülerinnen‘“, antwortet Frau Fuchs. „Eleven ist Französisch. Auch die Ballett-Übungen haben französische Namen.“ Frau Fuchs klatscht in die Hände. „Aber jetzt machen wir uns warm.“
„Ja, juchhu“, jauchzt Lilly und rennt und hüpft mit den anderen Ballerinen von einem Raumende zum anderen.
„Versucht euch nun im Takt der Musik zu bewegen.“ Frau Fuchs legt eine CD mit Klaviermusik ein. „Alle Kinder flattern wie Schmetterlinge!“ Das kann Lilly gut. Im Garten hat sie letztens noch einen gesehen.
„Und nun hüpfen alle wie ein Frosch!“
„Quak!“, macht Lilly und fühlt sich gleich wie einer. „Quak! Quak!“ Die anderen Kinder quaken begeistert mit. Frau Fuchs lacht. „Wie beim Froschkönig!“
Die nächste Übung beginnt. „Bitte geht jetzt ganz langsam, und dabei grüßt ihr euch freundlich.“ Wie eine feine Dame stolziert Lilly durch den Raum. „Hallo, meine Liebste“, flötet sie einem Mädchen zu. „Guten Morgen, Frau Nachbarin!“
„Du bist ja ein kesses Fräulein.“ Frau Fuchs lächelt. „Nun bitte Beine, Arme und Hände ausschütteln. Das ist wichtig, damit eure Muskeln schön locker bleiben.“

„Schüttel, schüttel, schüttel", summt Lilly und schlenkert mit den Armen.

„Kleine Trinkpause!", verkündet Frau Fuchs.

„Oh ja!", freut Lilly sich und wühlt in ihrer Tasche. „Wo ist meine … oh nein!" Die hat ja Paul. Dieser blöde, doofe große Bruder!

Lilly guckt zu den anderen hinüber. „Hast du deine Trinkflasche vergessen?“, fragt ein Mädchen. Lilly nickt.
„Du kannst was von mir haben. Ich bin Amira!“
„Danke.“ Lilly nimmt einen großen Schluck. „Nett von dir. Ich bin Lilly!“
„Es geht weiter!“ Frau Fuchs klatscht wieder in die Hände.
„Wir kommen zu den Grundpositionen. Wer von euch weiß denn, wie viele es gibt?“
„Fünf!“, ruft Amira.
„Richtig“, lobt Frau Fuchs. „Ich zeige euch die ersten drei. Schaut her!“ Aufmerksam sehen die Ballerinen zu.
„Versucht es einmal!“, fordert Frau Fuchs sie auf.
„Gar nicht so leicht“, stöhnt Lilly. Aber dann klappt es doch ganz gut.
„Und nun die Arme dazu!“, ruft Frau Fuchs und macht es vor.
Lilly wackelt. „Das kann ich nicht.“ Sie schielt zu Amira rüber. Bei der sieht es auch nicht besser aus.
„Das wird schon“, tröstet Frau Fuchs. „Ihr müsst üben, üben und nochmals üben.“ Frau Fuchs schaut auf die Uhr. „Oh! Unsere Stunde ist zu Ende.“
„Schade!“, rufen alle.
„Ich zeig euch jetzt noch eine Révérence.“ Frau Fuchs verbeugt sich.
„So könnt ihr euch am Ende einer Ballettstunde bei mir bedanken.“
„Révérence!“ Lilly kichert. „Dieses Französisch ist lustig.“
„Tschüss. Bis zum nächsten Mal“, verabschiedet sich Frau Fuchs.

Als Lilly wieder zu Hause ist, bringt sie ihre Ballettsachen gleich in die Waschküche. Da sieht sie Pauls Fußballschuhe stehen.
Und wie von selbst beginnt ihr Fuß die Schuhe ganz langsam hinter die Waschmaschine zu schieben.
„Jetzt sind sie weg", denkt Lilly zufrieden. „Aus Versehen einfach weg!"

„Weißt du, wo meine Fußballschuhe sind?", fragt Paul am nächsten Tag.
„Ich muss mal überlegen …" Lilly kratzt sich an der Stirn.
„Ich brauch die!" Paul wird ungeduldig. „Mein Fußballtraining fängt gleich an. Hilfst du mir suchen?"
„Was krieg ich denn dafür?", fragt Lilly.
Paul beißt sich auf die Lippen. „Was willst du denn?"
„Viel!", sagt Lilly. „Richtig viel. Also! Ich will, dass du …" Lilly hält inne.
„Ich sag dir, was ich will. Einen netten Bruder, der mir hilft – auch ohne Trinkflasche."
Paul überlegt. Dann lacht er. „Hand drauf! Und jetzt her mit den Schuhen, sonst kitzel ich dich durch!"
„Mach doch, mach doch!", kichert Lilly und freut sich schon.
Durchkitzeln kann keiner besser als Paul.

Die Schwanenprinzessin

„Psst!", macht Nina. „Du musst ganz leise sein." Ines nickt. „Mach ich." Nina zieht Ines in eine Nische gleich neben dem Theatervorhang. „Mein Geheimversteck", sagt sie stolz.
„Was gucken wir denn?", fragt Ines.
„Schwanensee." Nina strahlt. „Das allerschönste Ballettmärchen auf der ganzen Welt." Nina hat bei vielen Proben zugeschaut. Die ersten beiden Akte kennt sie schon. Ihre Mama arbeitet nämlich im Theater. Heute ist Generalprobe. Und da darf Nina bis zum Schluss bleiben. Zusammen mit Ines.
Aufgeregt schieben die beiden den Vorhang ein bisschen zur Seite. Riesige Kronleuchter tauchen das Theater in funkelndes Licht. Nina zeigt auf das Orchester. „Gleich geht es los", flüstert sie. Es wird dunkel im Saal. Der Dirigent hebt die Arme, die Musik erklingt.
„Ist das schön!", schwärmt Ines. Auf der Bühne sieht es aus wie in einem richtigen Schloss. Da erscheinen die ersten Tänzer und Tänzerinnen und mittendrin Prinz Siegfried.

„Der soll heiraten", flüstert Nina. „Er muss sich eine Braut aussuchen."

„Will er denn?"

„Nee. Der hat keine Lust."

Auf der Bühne drehen sich nun alle Tänzer und Tänzerinnen im Walzertakt. „Darf ich bitten?", fragt Nina und verbeugt sich vor Ines.

Ines kichert. „Klar doch."

„Eins, zwei, drei, eins, zwei, drei …", zählt Nina und tanzt mit Ines im Kreis herum, bis die letzten Walzertöne verklingen.

Der Vorhang fällt.

„Gleich kommt Odette“, verrät Nina. „Odette ist ein verzauberter Schwan. Nur nachts darf sie wieder eine Prinzessin sein.“
Der zweite Akt beginnt. Die Bühne hat sich in einen See verwandelt. Überall sind Schwäne zu sehen.
„Da! Da ist sie!“ Nina zeigt auf eine weiß gekleidete, wunderschöne Ballerina. Anmutig tanzt sie auf den Prinzen zu.
„Jetzt kommt's.“ Nina stupst Ines an. „Die verlieben sich.“
„Und küssen die sich auch?“
„Nee.“ Nina grinst. „Aber der Prinz will Odette heiraten.“
„Hä? Was will der denn mit einem Schwan?“
Nina lacht. „Die ist ja dann kein Schwan mehr. Wenn die heiraten, ist sie die Prinzessin Odette. Für immer.“
Plötzlich spielt das Orchester laut und bedrohlich. Erschrocken zuckt Ines zusammen. „Wer ist das?“
„Der böse Zauberer Rotbart“, erklärt Nina. „Der hat die arme Odette in einen Schwan verwandelt.“
Wie ein großer, dunkler Raubvogel wirbelt Rotbart auf der Bühne umher.

Aufgeregt drückt Ines Ninas Hand. Schon verschwindet der Zauberer wieder. Und mit ihm die Schwäne.
Endlich! Der dritte Akt! Der Festball zu Ehren des Prinzen beginnt.
„Jetzt wird geheiratet“, flüstert Nina aufgeregt. „Wo bleibt denn nur Odette?“
Da, Trompetenfanfaren, Gäste werden angekündigt. Ein prächtig gekleideter Edelmann betritt die Bühne.
„Das ist doch Rotbart! Eine Falle!“, ruft Nina aufgeregt. „Na, warte!“
„Was hast du vor?“ Ines wird mulmig zumute.
Nina schleicht zu einem der Bühnenschwäne. In seinem Bauch ist ein Tretauto versteckt. Das weiß sie von Mama.

„Der kann was erleben!“ Schon sitzt Nina im Schwan. „Volle Pulle voraus!“ Nina fährt los, mitten auf die Bühne. Schnurstracks steuert sie auf den bösen Zauberer zu. Mit einem Satz springt der erschrocken zur Seite.
„Ha! Ich erwisch dich doch!“ Nina ist schon dicht hinter ihm.
Da hat der Zauberer genug.
„Hilfe! Ein wild gewordener Schwan“, ruft er und dreht sich mit blitzschnellen Pirouetten von der Bühne.

„Geschafft!" Schnell fährt Nina zurück zu Ines. „Nix wie weg!!"
Die beiden flitzen los. Quer durch das ganze Theater, vorbei an der Schneiderei, der Maske, dem Fundus – bis sie endlich in Mamas Büro stehen.
Mama telefoniert gerade. „Das gibt's ja nicht", sagt sie und legt auf. „Kinder, habt ihr das mitbekommen? Ein Schwan hat den Zauberer Rotbart von der Bühne gejagt. Keiner kann sich das erklären, und jetzt will er nicht mehr auftreten."
Nina guckt Ines verschwörerisch an. „Das bleibt unser Geheimnis", denkt sie. „Geschieht dem Rotbart ganz recht. Wieso verzaubert der auch unschuldige Prinzessinnen in Schwäne."

Finnemann lernt Ballett

„Finnemann", ruft Frauchen. „Ballettstunde fängt an!"
Schnell verschwinde ich unter meiner Hundedecke. Bloß weg!
Seitdem Marie einen Balletthund aus mir machen will, bin ich auf der Flucht.
„Heute lernst du Pirouetten", sagt Marie und zieht mir die Decke weg. „Guck mal! Du kriegst was von mir."
Gespannt rupfe ich ihr das Päckchen aus der Hand. Was da wohl drin ist? Ach du dicke Leberwurst! Das darf ja wohl nicht wahr sein.
„Na, freust du dich?"
HILFE! Mit einem Riesensatz springe ich zur Tür.
„Was soll das, Finn?", fragt Marie streng und pfeift mich zurück.
„Das ist doch ein wunderschönes Tutu." Schon kniet sie neben mir und stülpt mir das Pinkteil über.
„Jetzt sehen wir aus wie Zwillinge", freut sie sich.

Kurz darauf stehen Frauchen und ich im Tutu vor der Regentonne.
„Guck mal, Finn“, sagt Marie. „Damit lernst du Pirouetten.“
Marie zeigt mir einen Stock mit einem langen Bindfaden dran.
Ans Ende hat sie ein Leckerli geknotet.
„Bei hopp musst du dich ganz schnell drehen!“ Eifrig klettert Marie auf die Regentonne.
Vorsichtig schiele ich zum Gartenzaun hinüber. Wenn das Pudelmädchen Polly mich sieht, bin ich geliefert.
„Hopp!“, ruft Marie und schon baumelt das Leckerli über meinem Kopf. Ich stelle mich auf die Hinterpfoten und schnappe danach. Aber Marie dreht das Leckerli immer schneller. So eine Gemeinheit!
Wie ein Brummkreisel tanze ich herum.
„Bravo! Bravo!“ Marie ist entzückt,
und das Leckerli gehört mir.

Ausgerechnet da spaziert Pudelpolly am Gartentor vorbei.
„Hallo, Primaballerina“, kichert sie. „Heute ganz in Pink?“
So eine Pleite! Wie ein Mehlsack gehe ich zu Boden. Wenn sich das in Hundekreisen rumspricht …
„Finn, ich sag dir mal was.“ Marie steigt von der Regentonne.
„Ich hab uns zum Mini-Star-Wettbewerb angemeldet.“
Wie bitte? Ich setze mich auf den Hintern. Muss ich jetzt bis zum Ende meiner Tage Balletthund sein?

„Da zeigen Kinder, was sie können. Einrad fahren, singen, Skateboard und viele andere tolle Sachen“, erklärt Marie. „Und wir zwei zeigen Ballett!“
Marie krault mich am Kinn. „Ich kann dann einen Ballettkurs gewinnen. Aber der geht nur ohne Hund. Und Zeit für unser Hundeballett hätte ich dann auch nicht mehr. Leider!“
Nie wieder Ballett? Worte, die wie Würstchen duften. Vor Freude wackel ich mit dem Schwanz. Den Wettbewerb muss ich gewinnen. Unbedingt! Ich zerre Marie zur Regentonne. Los, Brummkreisel üben!

Von nun an will ich nur noch eins: Ballett. Marie wundert sich schon. Ich lerne alles, Brummkreisel, kleine Sprünge und Pfotentanz. Und wer guckt heimlich zu? Pudelpolly.

Endlich ist Samstag. Der Mini-Star-Wettbewerb beginnt. So viele Zuschauer! Und ganz vorn – Polly. Aber Marie interessiert sich nur für die Preise. Sogar ein neongelbes Skateboard mit lila Blitzen ist dabei. Aber wir wollen ja den Ballettkurs.

„Nummer 8, bitte!", dröhnt es da aus dem Lautsprecher. „Das sind wir!", ruft Marie und stürmt zur Bühne. Alle Scheinwerfer sind auf uns gerichtet. Es geht los.
„Blopp!", ruft Marie. Wieso blopp? Verwundert gucke ich sie an. „Äh, ich meinte hopp!" Marie wird feuerrot. Egal, ob hopp oder blopp. Ich drehe meine Brummkreisel. Dann kommt der Pfotentanz. Danach die Ballettsprünge. Alles klappt so gut wie noch nie. Nur die Schleife auf meinen Kopf rutscht mir vor die Augen.

Am Ende belohnt mich Marie mit einem Leckerli. Oje! Da rutscht ihr die ganze Tüte aus der Hand. Überall kullern Hundekuchen herum. Marie steht da wie angeleimt. Aber wozu hat der Hund einen Schwanz? Eifrig beginne ich zu fegen. Von rechts nach links, hin und her. Ein Leckerli bringe ich zu Polly. „Für dich", belle ich. Genau vor ihren Pfoten lege ich es ab. Die guckt ganz verliebt. Und Marie flüstert mir ins Ohr: „Du hast mich gerettet."

„Bravo!", rufen die Zuschauer und klatschen. „Cool! Tolle Nummer." Das findet die Jury wohl auch. Wir gewinnen! Marie kriegt ihren Ballettkurs, und ich bekomme eine dicke Wurst.

Juhu! Mein Hundeleben hat mich wieder. Bis auf eine kleine Sache: das Pinkteil. Das muss weg!

Heimlich bringe ich es zum Müll. Und da soll es bleiben. Für immer! In meinen Schlappohren kitzelt es. Vor Glück!

„Finnemann, Gassi gehen!", ruft Marie vor dem Abendessen. Fröhlich springe ich um sie herum.

Da sehe ich Pudelpolly in ihrem Garten. Mein Herz sackt bis in die Schwanzspitze. Die übt Brummkreisel! In meinem Tutu!!

„Hi Finn", bellt sie fröhlich. „Kannst du mir Ballettunterricht geben?"

Das Fenster zum Ballett

„Danke!" Überglücklich schlingt Thea beide Arme um Onkel Franks Hals. „Ein Fernglas! Jetzt kann ich spionieren!"
„Na, na! So was macht man aber nicht", sagt Onkel Frank. „Mit einem Fernglas beobachtet man Tiere. Eichhörnchen oder Vögel."
„Merkt doch keiner", beteuert Thea. „Und mein Bein ist gebrochen. Da darf man so was!"
„Plumpaquatsch!" Onkel Frank lacht. „Ich bin in der Küche, du Humpelgips-Thea!"
Thea schiebt den Sessel ans Fenster. Im Mietshaus gegenüber wohnt eine Ballerina. Neugierig hält Thea das Fernglas vor die Augen. „Jetzt kann ich sie endlich ganz nah sehen."
Die Ballerina schmiert sich ein Butterbrot. Und Kirschen nascht sie.
„Das ist wie Kino", freut sich Thea. „Und jetzt … jetzt tanzt die Ballerina. Mit dem Butterbrot in der Hand. Durch die ganze Wohnung!"
„Ich back Pfannkuchen!", ruft Onkel Frank. „Hilfst du mir?"
„Geht nicht!", ruft Thea zurück. „Ich muss doch spionieren!"

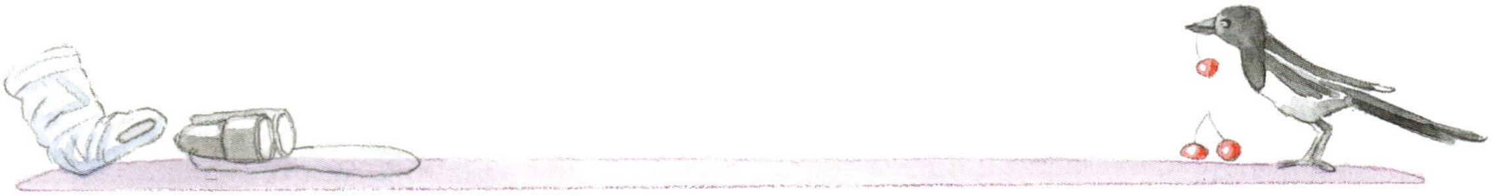

Bei der Ballerina stehen die Balkontür und das Fenster weit offen. Aber wo ist sie? Thea schwenkt das Fernglas nach rechts. Da! Im Wohnzimmer! Gerade bindet die Ballerina ihre Haare zu einem Knoten zusammen.

„So will ich die Haare auch haben", denkt Thea. Jetzt dreht die Ballerina Pirouetten. Immer schneller und schneller.

Wie die das kann! Thea staunt. Das würde sie auch gerne lernen.

Thea stutzt. Da war doch was?! Schnell schwenkt sie das Fernglas nach links. Tatsächlich. „Oh, wie süß!" Auf dem Küchentisch hockt ein Vogel und pickt an den Kirschen.

„Achtung! Die Ballerina kommt zurück", ruft Thea. „Flieg weg!" Als ob der Vogel sie gehört hätte, flattert er nach draußen. Thea verfolgt ihn mit dem Fernglas. Was glitzert denn da im Schnabel? Schnell stellt sie das Fernglas schärfer. Zu spät. Schon lässt sich der Vogel in seinem Nest oben im Baum nieder.

Thea schwenkt zurück. Nachdenklich sitzt die Ballerina am Küchentisch.
„Wenn die wüsste", kichert Thea.
Doch dann benimmt sich die Tänzerin merkwürdig.
Alles dreht sie um. Jede Tasse, jedes Buch. Sie rennt von einem Zimmer ins andere.

„Was hat sie nur?", überlegt Thea.
Jetzt kriecht die Ballerina auf dem Fußboden herum.
Da steht Onkel Frank in der Tür.
„Na, bist du noch am Spionieren?"

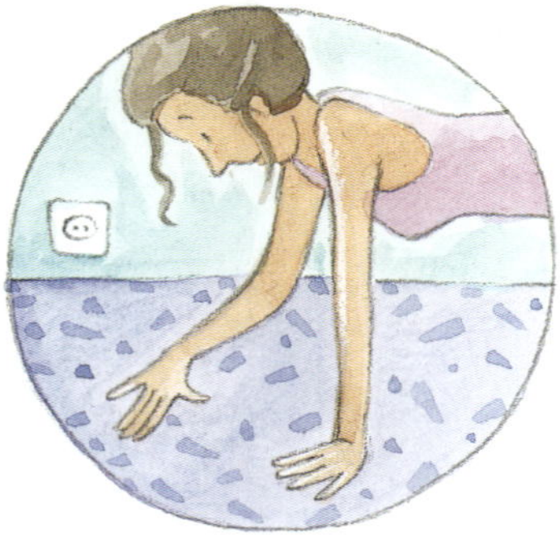

„Und wie!" Thea erzählt, was passiert ist. „Ich glaube, die Ballerina sucht was.
Nur was?" Thea überlegt. „Ihre Kirschen?
Oder vielleicht … ich hab's! Sie sucht das Glitzernde. Jede Wette!"
„Gratuliere!" Onkel Frank klopft Thea anerkennend auf die Schultern.
„Fall gelöst."
Thea holt ihre Jacke. „Ich humpel schnell rüber und sag es ihr."
Onkel Frank lacht. „Bis gleich, Super-Spürnase!"
„Du suchst was Glitzerndes. Ich weiß, wo es ist!", platzt Thea heraus, als die Ballerina ihr die Tür öffnet.

Verblüfft guckt die Tänzerin sie an. „Na, dann komm mal rein!"
„Guck mal, da wohne ich", sagt Thea und zeigt aus dem Fenster.
„Und was du suchst ist da." Thea drückt der Ballerina ihr Fernglas in die Hand. „Da im Vogelnest, vor deinem Fenster! Ich hab alles gesehen!"

„Tatsächlich! Da glitzert was." Die Ballerina atmet erleichtert auf.
„Mein Ring! Toll, wie gut du aufgepasst hast."
„Ich hab spioniert." Thea wird feuerrot. „Sonst mach ich das ja nicht. Aber du drehst immer so tolle Pirouetten. Das wollte ich sehen."
Die Ballerina lacht. „Ich bin ja so froh! Wenn du nicht spioniert hättest, wäre mein Lieblingsring sicher nie wieder aufgetaucht. Ich hab ihn von meiner Oma."

Die Ballerina zeigt auf ein Foto über dem Sofa. „Meine Oma war eine berühmte Balletttänzerin. Den Ring hat sie bei jedem Auftritt getragen. Und nun bringt er mir Glück. Aber wie krieg ich ihn jetzt wieder?"
„Onkel Frank hilft dir bestimmt", sagt Thea. „Wir haben eine ganz lange Leiter."
„Wunderbar!" Die Ballerina klopft auf Theas Gipsbein. „Und wenn der da weg ist, bring ich dir Pirouetten bei."
„Oh ja!" Thea strahlt. „Und ich zeig dir, wie Spionieren geht."

Dornröschen

Madame Ploé guckt in die gespannten Gesichter der kleinen Ballerinen. „Ob isch euch nun sage, wer die Auptrolle kriegt?"
Die Ballettlehrerin setzt ihre Brille auf. „Natürlisch!"
„Ich, ich, ich!", denkt Kiki und drückt sich selbst beide Daumen.
„Ich will das Dornröschen tanzen. Wo ich doch so schöne lange Haare habe."
„Also auf meine Zettel steht …" Madame Ploé räuspert sich. „Kiki oder …" Weiter kommt sie nicht.
„Juhu! Juhu!" Vor Freude schlägt Kiki ein Rad.
„Mon dieu!" Madame Ploé klopft auf den Klavierdeckel. „Isch abe noch nicht fertig."
„Tschuldigung", stottert Kiki.
„Kiki oder …" Madame Ploé schielt über ihre Brillengläser. „Martha."
Martha? Kiki schluckt. Diese rothaarige Glitzerpute? Rappelkurze Haare und vollgesteckt mit Perlchenspangen. Allerdings kriegt sie die Pirouetten schon prima hin. Mist! Die wird ihr doch wohl nicht die Rolle wegschnappen?
„Morgen ihr sollt mir vortanzen, alle beide", sagt Madame Ploé.
„Dann isch werden gucken, wer die Dornröschen-Rolle kriegt."
Als Kiki am nächsten Tag in die Ballettschule kommt, ist Martha schon da. Kiki hört, wie sie sich mit Madame Ploé am Klavier unterhält.

Schnell zieht Kiki sich um. Trikot, Strumpfhose, Schläppchen – fertig. Nur wohin mit dem Kaugummi? Oh, der Papierkorb ist weg. Aber Marthas Schläppchen, die sind da. Da könnte der Kaugummi ja reinfallen. Ganz zufällig natürlich. So was passiert eben, wenn man unbedingt das Dornröschen tanzen will.
Schnell nimmt Kiki den klebrigen Kaugummi aus dem Mund und kleistert ihn fest hinein. Gerade noch rechtzeitig, denn schon steht Martha in der Tür.
„Es geht los!", ruft sie und schlüpft in ihre Schläppchen.
Im Ballettsaal wartet Madame Ploé am Klavier. Kiki schielt zu Martha. Ob die wohl was merkt? Schweigend machen sich die Mädchen warm.
„Kiki, du fangen an", sagt Madame Ploé und beginnt zu spielen. Kiki tanzt Pliés, Battements und dreht sogar eine Pirouette. Ohne Fehler.
„Très bien", lobt Madame Ploé. „Ganz große super!"
„Jetzt du, Martha!" Madame Ploé nickt Martha aufmunternd zu.
Martha tanzt: Die Pliés und Battements klappen gut, aber gerade beim Dornröschentanz passiert's. Martha stolpert.
Madame Ploé unterbricht ihr Klavierspiel. „Eute du bist nischt gut", sagt sie erstaunt.
„Ich glaub, meine Schläppchen kleben", versucht Martha zu erklären.

Doch Madame Ploé verkündet: „Schluss für heute!" „Die Rolle gehört mir", denkt Kiki triumphierend. Aber als sie die Tränen in Marthas Augen sieht, kriegt sie ein schlechtes Gewissen. Auf einmal kommt Kiki sich ziemlich gemein vor.

„Beide Mädchen zu mir", bestimmt Madame Ploé und drückt Martha ein Taschentuch in die Hand. „Nischt weinen, isch abe eine Überraschung."

„Eine Überraschung?" Verdutzt schauen die Mädchen sich an.

Madame Ploé nickt. „Es gibt zwei Dornröschen! Eben isch abe gehört, wir können machen zwei Vorstellungen. So könnt ihr beide tanzen." Kiki fällt ein Stein vom Herzen. Madame Ploé schließt den Klavierdeckel. „Martha, deine Fehler war nischt schlimm. Aber ihr zwei müsst üben. Und zwar zusammen!"

Die beiden nicken.

In der Umkleidekabine schaut Martha sich ihre Schläppchen genau an. „Igitt, wie kommt denn der eklige Kaugummi da rein?"

Kiki wird feuerrot. „Äh, ich – also, ich … da war kein Papierkorb."
„Bei dir piept's wohl!", schimpft Martha.
„Ja, ich glaub auch", gibt Kiki kleinlaut zu. „Ich wollte doch die Dornröschen-Rolle kriegen. Aber das war blöd von mir." Kiki reicht Martha die Hand. „Wollen wir beiden Dornröschen uns vertragen?"
Martha zögert einen kleinen Moment. „Einverstanden", sagt sie schließlich.
Kiki strahlt. „Hast du Lust auf ein Eis?"
„Eis ist immer gut." Martha lacht. „Aber ohne Kaugummi!"

Das Ritterballett

„Wo sind denn die Ritter? Und die Kanonen? Und die Säbel?" André schaut sich in dem alten Burghotel um. Nur langweilige Bilder hängen dort. An eins geht er näher ran. „Das sind ja Balletttänzerinnen!" André kennt alle Ritterbücher, aber eine Balletttänzerin kam da nicht vor. „So was Doofes!", murrt er. „Die berühmtesten Ballerinen haben hier getanzt", erklärt die Hotelchefin. „Sogar die Melina Petipala!" Sie zeigt auf ein Bild der Tänzerin im hinteren Gewölbe. „Ein Ritter wäre mir lieber", knurrt André. Die Hotelchefin gibt Mama den Schlüssel. „Sie wohnen ganz oben. Und du bekommst eine eigene Turmstube", sagt sie zu André. „Cool!", freut der sich. „Wenigstens das hat geklappt." Gleich packt er seinen Rucksack aus.

Da sind die Taschenlampe, Konzo, die Kuschelmaus, und die neue Ritterbettwäsche – die musste unbedingt mit.
„Eins ist klar, Konzo", sagt André und drückt die Kuschelmaus ganz fest an sich. „Ballett will ich hier nicht haben."
Den Rest des Tages erkunden André und Mama die Burg.
Zurück in seiner Turmstube schaut André hinunter zur Zugbrücke. „Jetzt träum ich von Drachen und Burgen", gähnt er. „In meinem Ritterbett. Nacht, Konzo."
Doch um Mitternacht wird er wieder wach. „Pssst, Konzo. Da ist was!" André springt aus dem Bett. „Los, wir gucken nach." Auf Zehenspitzen schleicht er durch die dunkle Burg, immer den Geräuschen hinterher. Bis zum Rittersaal.

„Wir sind doch keine Schisshasen, Konzo", flüstert André und versteckt sich vorsichtshalber hinter einem ausgestopften Bären.
Plötzlich schweben dreizehn winzig kleine Ballerinen über das Parkett. André kneift Konzo. „Träum ich etwa?"
Im Mondschein sieht André sie tanzen und ist verzaubert. Ihm ist, als würden goldene Lichtstrahlen durch den Saal wirbeln.
„Da! Die Frau vom Bild!" André erkennt sie gleich. „Die Melina Petipala."

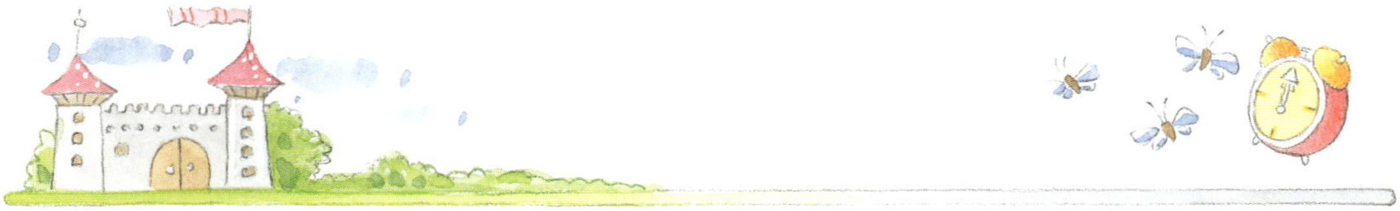

Bei jeder Pirouette glitzern Abertausende Lichter wie funkelnde Edelsteine. „Ist das schön!“ André hat das Gefühl, als ob die Zeit sich mitdreht.

„Schluss für heute.“ Die Petipala klatscht in die Hände. „Morgen sehen wir uns wieder.“

„Ich weiß nicht“, jammert eine Ballerina. „Mein Tutu fällt schon auseinander.“ Da sieht André es auch. In Fetzen hängen die Tutus an den Ballerinen herunter. Wie aus der Mottenkiste.

„Unsere Tutus sind 178 Jahre alt“, sagt die Petipala. „Kein Wunder!“

„Aber genau das brauchen wir, ein Wunder“, seufzt die Ballerina. „Sonst tanzen wir bald nackt.“

Die Petipala nickt. „Und das alles nur wegen dieses Rittergesetzes. Unsere Tutus dürfen nur aus ritterlichem Stoff genäht werden. Doch …“ Weiter kommt sie nicht. Die Kirchturmglocke schlägt eins. Die Ballerinen wehen davon.

Am nächsten Morgen wundert sich Andrés Mama. Wie versteinert sitzt ihr Sohn vor dem Ölbild der Tänzerin.

„Was hat die Petipala noch gesagt?“, überlegt André. „‚Unsere Tutus dürfen nur aus ritterlichem Stoff genäht werden.‘“ André schüttelt den Kopf. „Wie soll das gehen? Es gibt doch keine Ritter mehr.“ Plötzlich strahlt er. „Aber es gibt mich!“

Der Wecker klingelt. Gleich ist Mitternacht. André hat alles in einem Bündel zusammengepackt. „Es geht los, Konzo! Jetzt retten wir die Ballerinen.“ Stockdunkel ist es. André knipst die Taschenlampe an. Jeder Schritt hallt im Gewölbe. Etwas gruselig ist es schon. „Wir sind doch tapfere Ritter!“ Ganz fest drückt er Konzo an sich. Die Tür zum Rittersaal steht offen. Schnell legt André sein Bündel mitten auf die Tanzfläche. Da hört er die Ballerinen. „Nix wie weg!“ Mit einem Satz rettet er sich wieder hinter den Bären. „Uff, das war knapp.“ Die Ballerinen schweben herein. „Was ist denn das?“ Verwundert mustert die Petipala das Bündel. „Mach auf!“, rufen die anderen. Die Petipala zieht an der Kordel. „Und? Sag schon! Was ist drin?“ André kriecht etwas vor, er will nichts verpassen. Seine Hände sind ganz schwitzig, so aufgeregt ist er. „Eine Überraschung!“, ruft die Petipala.

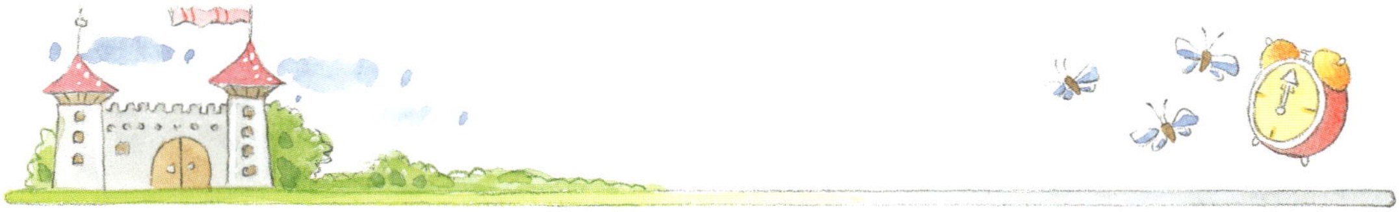

In diesem Moment flutscht André die Taschenlampe aus der Hand. Bums! Augenblicklich verschwinden die Ballerinen. Und mit ihnen das Bündel. Traurig schleicht André zurück in die Turmkammer.
„Ich hab's vermasselt, Konzo."
Am nächsten Morgen starrt André wieder auf das Bild der Melina Petipala. „Was ist nur mit dem Jungen los?", denkt Mama. „Gut, dass wir morgen abreisen."
Die letzte Ritternacht bricht an. „Ob die Ballerinen wohl noch mal kommen?", fragt André seine Kuschelmaus. Er hat das Gefühl, als ob Konzo nickt. Die beiden schleichen zum Rittersaal und verstecken sich wieder hinter dem Bären. „Bitte, bitte, bitte …"
Und wirklich – die Ballerinen schweben herein. André stutzt. „Etwas ist anders, Konzo", flüstert er. „Leuchtender … festlicher … nein, bunter!" Und da weiß er es: Es sind die Tutus. Die Ballerinen haben neue Tutus! Aus seiner Ritterbettwäsche.
„Ich hab sie gerettet", denkt André stolz, „zusammen mit Konzo."
„Wer auch immer uns das Bündel gebracht hat", verkündet die Petipala feierlich, „er ist ein wahrer Ritter."
Sie lächelt. „Die nächsten 178 Jahre tanzen wir nur für ihn."

„Bravo!", rufen die anderen Ballerinen. „Bravo! Bravo!" André strahlt. Wie glücklich alle aussehen. „Ballett ist echt cool!", findet er. „Jetzt freu ich mich auch wieder auf Zuhause."
Auf der Rückfahrt fragt Mama: „Hast du die Ritterbettwäsche eingepackt?" André wird feuerrot. „Weiß nicht."
„Oh je! Jetzt kann ich nicht mehr zurück", sagt Mama. „Aber du hast ja bald Geburtstag."
„Stimmt!", denkt André und fragt: „Gibt's auch Bettwäsche mit Ballerinen drauf?"

ANTIKES

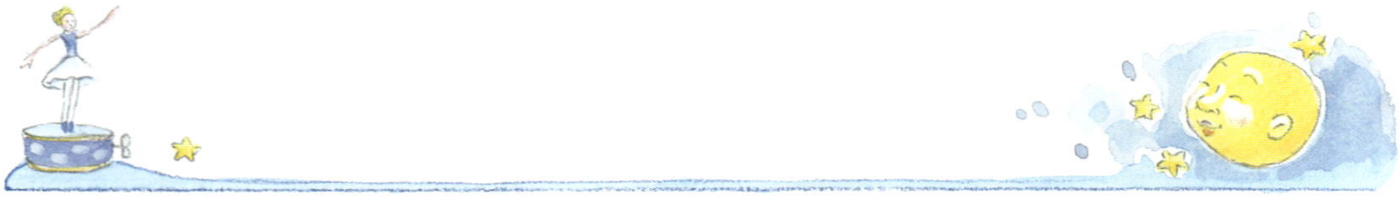

Die Spieluhr-Ballerina

„Guck mal, da ist sie!“ Aufgeregt zieht Sarah ihre Oma zum Schaufenster. „Da, die Ballerina auf der Spieluhr!“

Jetzt sieht Oma sie auch. „Die ist ja wirklich hübsch“, staunt sie.

„Die ist vom Himmel getanzt“, erklärt Sarah.

Oma macht ein verdutztes Gesicht. „Woher weißt du das?“

„Sieht man doch!“ Sarah zieht Oma zu sich herunter. „Die hat goldene Sterne im Haar, und ihr Tutu glänzt blau. Blau wie der Himmel.“

„Stimmt.“ Oma nickt.

„Im Himmel tanzen – das will ich auch.“ Sarah nimmt Omas Hand. „Was muss ich machen, wenn ich mir etwas wünsche, was man nicht kaufen kann?“

„Hm“, überlegt Oma. „Du schreibst es auf einen Zettel und legst den ins Vogelhäuschen.“

„Und dann?“

Oma lächelt. „Dann fliegt der Vogel mit deinem Wunsch bis in den Himmel.“

„Aber ich kann noch nicht schreiben“, seufzt Sarah.

„Macht nichts.“ Oma strubbelt ihr durch die Haare. „Malen geht auch.“

„Das mach ich“, beschließt Sarah.

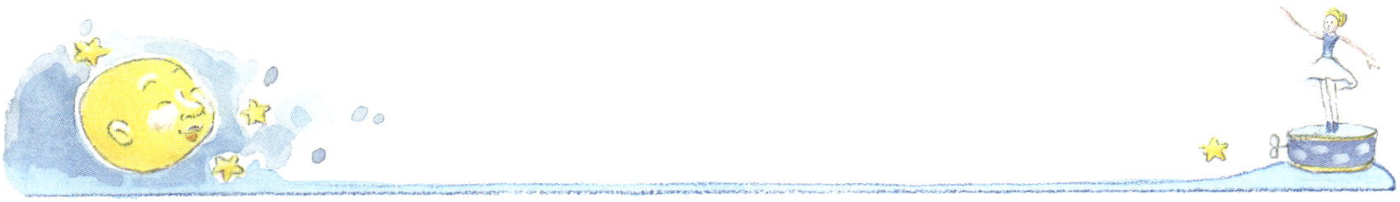

In einer funkelnden Sternennacht klopft es bei Sarah ans Fenster. Verwundert reibt sie sich die Augen. Durch die Scheibe guckt die Spieluhr-Ballerina herein. Vorsichtig öffnet Sarah das Fenster.
„Hast du das gemalt?", fragt die Ballerina.
Sarah nickt. „Das ist mein Wunschbild."
„Dann bin ich richtig", freut sich die Ballerina. „Der Mond hat uns eingeladen. Zum Sternchenballett."
„D-das geht d-doch g-gar nicht", stottert Sarah.
Die Ballerina lächelt. „Es gibt Nächte, da geht alles. Sprich mir nach:

Sternenglanz und Mondenschein,
ich will Ballerina sein.
Mit Tutu und Spitzenschuh
wirbel ich herum im Nu.
Bring zum Mond mich hoch geschwind,
schneller als der Sausewind."

Plötzlich ist Sarah so klein wie die Spieluhr-Ballerina. In ihrem Bauch kitzelt es vor Glück. Die Ballerina nimmt Sarahs Hand, und gemeinsam schweben sie in die sternenklare Nacht hinein. Hinweg über das Haus und den Kindergarten – geradewegs auf die Kirchturmspitze zu. „Da ist er schon!"
Die Ballerina zeigt nach vorn.

Am Wetterhahn hängt ein glänzender Wolkenteppich. „Auf dem fliegen wir in den Himmel. Bis zum Mond!“
Wie ein flauschiges Wattemeer fühlt
sich der Wolkenteppich an.
Sarah plumpst hinein.
„Jippieh!“

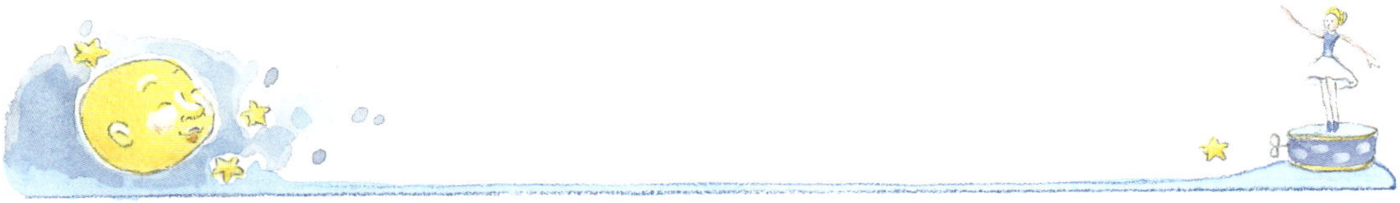

Schon geht es los. Hoch und höher fliegt der Wolkenteppich. Spielzeugklein werden die Häuser unter ihnen.

„Achtung, wir sind da!“, ruft die Ballerina.

Der Wolkenteppich landet auf einer silbrig funkelnden Lichterwiese, gleich neben der dicken Knubbelnase vom Mond.

Sarah hält inne und lauscht.

„Was ist das für eine zauberhafte Märchen-Musik?“

„Die hat Peter Tschaikowsky komponiert“, erklärt die Ballerina. „Musik extra fürs Ballett.“

Die Sterne nehmen Sarah an die Hände und wirbeln mit ihr um die Ballerina herum. Die dreht sich auf einem Bein im Goldstaub.

Und dann tanzt Sarah. Wie von selbst, sogar auf Spitze! Sie tanzt und tanzt und tanzt mit der Spielzeug-Ballerina.

Langsam erlischt das Licht in den Mondlaternen, und Sarah wird müde. Glücklich kuschelt sie sich in eine Dämmerblume. „Schlaf schön“, hört Sarah die Ballerina wie aus weiter Ferne flüstern.

Am nächsten Morgen liegt ein Geschenk für Sarah auf dem Küchentisch.
„Für mich?“, fragt sie. Oma nickt. Gespannt reißt Sarah das Papier auf. „Die Spieluhr-Ballerina! Danke!“ Überglücklich fällt sie Oma um den Hals.
„Zieh sie doch mal auf“, schlägt Oma vor. Als die ersten Töne erklingen, stutzt Sarah. „Die Musik kenn ich. Das ist doch …“
„Peter Tschaikowsky“, weiß Oma. „Die hat er extra fürs Ballett komponiert.“
„Weiß ich doch.“ Sarah strahlt. „Dazu habe ich heute Nacht getanzt. Im Himmel, mit der Spieluhr-Ballerina.“
Oma lächelt. „Hast du das geträumt?“
Sarah schüttelt den Kopf. „Es gibt Nächte, da geht alles.“

Deine Rätselseite

Auf dieser Seite sind die Figuren aus den Geschichten versteckt. Findest du sie alle?